CHEMIN DE FER

DE LA ROCHELLE

DIALOGUE

ENTRE UN BOURGEOIS DE POITIERS

ET UN CAMPAGNARD DE VIVONNE.

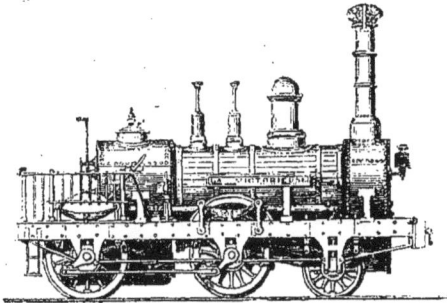

PARIS

IMPRIMERIE BONAVENTURE ET DUCESSOIS

55, QUAI DES GRANDS-AUGUSTINS.

—

1853

CHEMIN DE FER

DE LA ROCHELLE

DIALOGUE

ENTRE UN BOURGEOIS DE POITIERS

ET UN CAMPAGNARD DE VIVONNE.

PARIS

IMPRIMERIE BONAVENTURE ET DUCESSOIS

55, QUAI DES GRANDS-AUGUSTINS.

—

1853

(C.)

CHEMIN DE FER

DE LA ROCHELLE

—◇—

LE BOURGEOIS DE POITIERS.

Enfin il est donc vrai qu'un décret décisif
Nous maintient aujourd'hui le projet primitif !
Le chemin qui, partant du port de la Rochelle,
Devait droit dans nos murs arriver par Croutelle,
Ce chemin désiré que nous rêvions toujours,
Suivra l'ancien tracé sans changer de parcours.
Quel était donc l'auteur de l'œuvre *incurdiaire*,
Qui prétendait si bien nous l'ôter?... Morandière !
Poitevins généreux, au cœur franc et loyal,
Frissonnez, frissonnez, à ce nom si fatal !
Non content d'enfanter un projet détestable,
Qui serait de Poitiers la perte inévitable ,
Il voulait nous prouver encore, en nous bravant,
Que nous étions des sots, et lui l'homme savant.

Cette injure lancée à notre antique ville
De nos municipaux a remué la bile,
Et trois des plus vaillants, prenant la plume en main,
Nous ont, dans un journal, vengés de son dédain.
A cette triple attaque il perdit contenance,
Et semblait se résoudre à garder le silence.
Nous pensions que, honteux d'un échec mérité,
Loin de nous il fuirait, fuirait désappointé.
Mais quelle aveugle erreur! Nous nous trouvions en face
D'un ennemi puissant et d'un esprit tenace.
Pendant que ballottés par le plus doux espoir,
Dans nos lits nous dormions tranquillement le soir,
Morandière, arpentant les rives de la Vonne,
Déterminait sans bruit la ligne par Vivonne.
Et sachant que Bourlon l'appuyait en secret,
Au ministre il transmit son ténébreux projet.
Mais à temps prévenu de cette noire trame,
Le peuple rassemblé de tout côté réclame,
Et bientôt, Dieu merci, nous vîmes bafouer
Ceux qui dans leurs calculs espéraient nous jouer.
Un autre ingénieur, que plus bas je vous nomme,
Nous a, de Morandière, offert le second tome :
Letourneur, puisqu'il faut le dire à haute voix,
Approuvait son confrère et reniait nos droits.
Déjà depuis trois ans dans une polémique
Il avait contre nous tiré son pronostique.
Pourquoi se mêlait-il dans un pareil combat?
De Vivonne pourquoi s'est-il fait l'avocat?

Mais au reste la gent mathématicienne
A toute, contre nous, redit la même antienne.
Ici c'est Duvignau, qui, pur sang angoumois,
Pour plaire à son pays contre nous fait son choix.
Là Deglin nous annonce et nettement déclare
Que Vivonne est le point le plus propre à la gare.
Piqueurs, entrepreneurs, maçons, chef d'ateliers,
Conducteurs, tâcherons, les simples terrassiers ;
Enfin petits et grands de cette litanie,
Avec joie entendraient sonner notre agonie.
Mais loin de s'effrayer de ces fiers assaillants,
Nos dignes défenseurs se montraient plus bouillants,
Et déployant contre eux une habile tactique,
Ils mirent à *quia* cette orgueilleuse clique.
Letourneur, Duvignau, Morandière et Deglin,
Nous sommes malgré vous les maîtres du terrain !...
Vos noms, qu'avec regret retrace ici ma plume,
Seront toujours pour nous un objet d'amertume ;
Et qu'en les prononçant nos arrière-neveux
Se sentent sur leurs fronts hérisser les cheveux.
Quelle honte pour nous aux regards de la France
Si Vivonne avait eu sur nous la préférence !

LE CAMPAGNARD DE VIVONNE.

Vos succès d'aujourd'hui, pour nous mystérieux,
Vous rendront désormais bien plus ambitieux.
Vous voulez, je le vois, que tout chez vous abonde ;
Mais le soleil aussi luit pour tout le monde.

Le bon sens, la science, et le raisonnement
A Vivonne fixaient le point d'embranchement ;
Mais l'aveugle intérêt, vous rendant égoïstes,
Vous a du plan nouveau fait les antagonistes.
Maintenant qu'à nos vœux le destin fut cruel,
Nous sommes mécontents, mais nous sommes sans fiel.
Et vous, pendant le temps de notre dissidence,
Avez-vous témoigné la même bienveillance ?
Mais non, par le dépit vos amis enflammés,
Ont attaqué sans frein des hommes renommés.
Refusant de courber sous votre tyrannie,
Morandière à vos yeux a perdu son génie,
Et même volontiers à votre concurrent,
Vous signeriez, je crois, un brevet d'ignorant.
Gigantesques travaux des rives de la Loire,
Vous êtes cependant pour attester sa gloire.
Les voyageurs surpris qui vous admireront,
Au nom de Morandière inclineront le front.
Là ne se borne pas votre injuste parole,
Et Bourlon, selon vous, ne vaut plus une obole.
L'intègre député ne vous soutient pas,
Aussi le prônez-vous comme un autre Judas.
Vraiment, en qualité de notre mandataire,
En lui respectez donc au moins le caractère ;
Vous semblez ignorer les services nombreux
Rendus par son crédit à bien des malheureux.
Voyez ces ouvriers, leurs familles entières,
Veillant vos stations, vos rails, vos barrières,

Dans ces postes divers placés par sa faveur,
Ils savent mieux que vous connaître un bienfaiteur.
Letourneur, à son tour, est mis sur la sellette,
Notre bouche pour lui ne sera pas muette.
Son nom, depuis cinq ans populaire chez nous,
Par ses œuvres vivra dans l'esprit de nous tous.
Renversant des rochers, excavant des carrières,
Taillant dans des coteaux des tortueux chemins,
Elevant jusqu'au sol le fond de nos ravins ;
Des ponts, des viaducs, de solide structure,
Brillant en même temps par leur architecture ;
Ces prodiges de l'art, surgissant sous sa main,
Parleront mieux aux yeux qu'un langage mesquin.
Mais l'appui qu'il prêta contre votre injustice
Du bien qu'il nous désire est le plus sûr indice ;
Et malgré nos revers, ce généreux appui
Cimente encore plus notre amitié pour lui.
Duvignau, surchargé d'un certain anathème,
Aux coups de vos censeurs se présente en troisième.
Mais ils n'ont pas osé dans leur civique élan,
Maltraiter tout à fait un illustre talent.
En effet des Pygmées harcelant un Hercule,
Offriraient un tableau passant le ridicule.
Etayant son travail de calculs concluants,
Deglin mit en émoi vos meneurs influents,
Et quoique contre lui clabaude l'ignorance,
Il reste ce qu'il est : homme de la science.
Ainsi, bien entendu, pour plaire aux Poitevins,

Doctes ingénieurs, soyez des mannequins.
Enfin la compagnie en votre protocole
Exerce, dites-vous, un affreux monopole.
Voulez-vous ressembler à ces pharisiens
Qui jadis chez les Juifs passaient pour comédiens?
Vous découvrez la paille en l'œil de votre frère,
Mais votre poutre, hélas! vous ne la voyez guère.
Ah! votre monopole est pire mille fois :
Tout pour vous, citadins ; rien pour nous, villageois.
L'égoïsme fatal, qui toujours vous inspire,
Vous a fait de nos jours renverser un empire.
Ne recommencez plus un si terrible jeu :
Puisse cette leçon vous modérer un peu!
Mais laissons ce passé et défendons Vivonne.
Certes, vous en parlez d'un ton qui nous étonne :
Croyez-vous que sortis d'un pays si lointain,
Nous soyons des parias établis sur le Clin?
Nous sommes très-Français, d'origine celtique,
Observateurs zélés du rite catholique.
Notre curé Guiteau, compétent sur ce point,
En toute sûreté servira de témoin.
Souvent dans nos foyers la gêne nous tourmente,
Pourtant l'impôt se paye et même la patente.
Nos enfants, que le sort a proclamés soldats,
Toujours avec honneur remplissent leurs mandats ;
Et jamais aucun d'eux ne quitta la défense
Du glorieux drapeau commis à sa vaillance.
Ne prêtant pas l'oreille aux effrontés jongleurs

Qui promettant le bien n'apportent que des pleurs,
Nous passons notre temps à déchirer la terre,
Pour en faire sortir l'aliment nécessaire.
Ainsi donc, comme vous nous sommes citoyens,
Comme vous nous devons jouir des mêmes biens.
Un de vos dignes preux à bout de sa logique,
Voulant nous rabaisser prend un ton ironique :
« Vivonne, s'écrie-t-il d'une voix d'inspiré,
« Vivonne n'est qu'un bourg dans un lieu retiré ;
« Aussi versé que moi dans la géographie,
« Nul ne peut contester ce que je certifie. »
Que dire à ce baptême émané d'un savant ?
Vivonne sera bourg et bourg dorénavant.
A nos adjoints de ville ayons croyance entière ;
Hélas ! nous sommes l'ombre, eux, ils sont la lumière.
Vos écrivains craintifs , et fort peu philosophes,
Dans leurs cerveaux frappés rêvaient des catastrophes:
La faim, la banqueroute, partout la pauvreté,
Allaient fondre bientôt sur la triste cité.
Il me semble à leurs voix entendre Jérémie
De sa Jérusalem prédire l'infamie.
Mais consolez-vous donc, ô reine du Poitou,
Les siècles à venir vous trouveront debout ;
L'herbe ne croîtra pas au milieu de vos rues,
Les filles de Poitiers ne seront pas perdues ;
Plus d'une fois rêvant dans le parc de Blessac,
Leurs cœurs sans le vouloir feront encor tic-tac ;
Dans ces jours consacrés au démon de la danse,

Bravant de Monseigneur la rigide défense,
Elles iront encor danser la mazurka,
La scotiche, la valse et même la polka.
Vous joyeux étudiants, espérance future
Du barreau, du parquet, de la magistrature,
Vous qui, tout un grand jour, sur un livre de loi,
Commentez sans relâche un point obscur de droit,
Le soir pour vous distraire, et souvent par caprice,
Vous sifflerez encore et telle et telle actrice.
Possesseurs bien heureux d'un ventre gros et gras,
Signe d'un appétit qui ne malaise pas,
Bourgeois, n'ayez plus peur de devenir étiques,
Ah ! vous aurez encor vos ventres monarchiques ;
Comme par le passé les morceaux délicats
Paraîtront tour à tour dans vos brillants repas.
La Rochelle attentive à pourvoir vos cuisines,
Vous enverra toujours ses huîtres, ses sardines.
Vous verrez dans vos murs le riche Gâtineau,
Mener mouton, veau gras, le succulent agneau,
Sans non-plus oublier votre foin, votre avoine,
Et même l'animal aimé de saint Antoine ;
Et pour vous un bonheur, un bonheur quotidien,
Que prévoit un bourgeois un peu logicien,
Ces objets attendus par votre cuisinière,
Pour être convertis en ragoût, en tourtière,
Passant droit à Croutelle en longeant son plateau,
Franchiront vos gosiers un quart d'heure plus tôt.
Mais à côté du bien souvent le mal se trouve,

Et le bourgeois gascon aujourd'hui nous le prouve.
Son estomac souffrant, grâce à vous, du retard,
Déjeunera pour cause un quart d'heure plus tard.
Bref, du chemin de fer ayant conquis la tête,
Vous nous avez forcés à battre la retraite ;
Aussi j'entends déjà, j'entends vos esprits forts
S'écrier en commun dans leurs tendres transports :
« Donc la tête nous reste, et par cet axiome,
« Nous voilà délivrés d'un horrible fantôme.
« O rêves fatigants, sinistres cauchemars,
« Vous ne ternirez plus nos teints frais et gaillards. »

LE BOURGEOIS DE POITIERS.

Nous avons contre vous remporté la victoire ;
Je conçois, cher voisin, votre triste déboire.
Cependant que d'ennuis, que de cruels tracas,
Avant de conquérir nos heureux résultats!
Le succès, j'en conviens, est souvent un problème,
Nous l'obtenons aussi souvent par stratagème.
Aussi quand il fallut soutenir un combat
Qui devait nous sauver ou nous mettre au grabat,
Combinant nos efforts pour la chose publique,
Nous n'avions devant nous qu'une pensée unique.
Paris à chaque instant voyait nos députés,
Nous les avions choisis parmi nos entêtés,
Et chacun en partant promit sur sa parole
De remplir jusqu'au bout son devoir et son rôle.
Malgré le vent, la pluie et les temps orageux,

Ils dirigeaient partout leurs pas aventureux,
Tantôt chez un ministre attendant l'audience,
Tantôt dans les bureaux mourant d'impatience ;
Le matin suppliant un conseiller d'Etat,
Sollicitant le soir un membre du sénat ;
Là, d'un suisse bourru, véritable cerbère,
Obligé de forcer la consigne sévère ;
Ici, pour pénétrer auprès d'un chambellan,
Essuyant le dédain d'un laquais insolent.
Plus loin, c'est un commis, encor surnuméraire,
Qui, se posant en chef, tranche du dignitaire.
Impuissants d'en finir, faute d'un protecteur,
Ils concertent entre eux d'aborder l'Empereur,
Et sans perdre de temps, dressant leurs batteries,
Ils franchissent enfin le seuil des Tuileries.
A ce dernier appel au pouvoir souverain,
Le destin de Poitiers ne fut plus incertain ;
Sur-le-champ un décret émané du ministre
Enfin nous délivra d'un avenir sinistre.
Pendant que remuant et la terre et le ciel,
Nous courions sans relâche au but essentiel,
Vous, mes chers Vivonnois, en ce moment extrême,
A vous mettre en avant vous ne songiez pas même.
Sur le sort à venir vous fiant follement,
Vous pensiez que le bien vous viendrait en dormant.
Si vous teniez le rang d'une ville puissante,
Alors je concevrais votre tranquille attente.
L'importance d'un lieu, son commerce opulent

Fixent l'attention d'un pouvoir vigilant ;
Mais vous, bons campagnards, que du reste on estime,
Votre pauvre Vivonne est presqu'un anonyme.
Et comment voulez-vous répandre des bienfaits
Dans un pays connu ni de loin ni de près ?
Vos hommes influents, dit-on si populaires,
Auraient pu vous servir de guides tutélaires :
Tout tournait autour d'eux ; mais pareils au soleil,
Ils restaient sans bouger comme dans le sommeil.
Il fallait voyager, supporter la fatigue,
Prier, solliciter, du temps être prodigue !
Mais quitter quelques jours une chère moitié,
Chacun à cette épreuve était pétrifié.
Plus guerroyant que vous, Lusignan, au contraire,
Nous fut par son élan un digne auxiliaire.
Convoquant sans retard ses meilleurs citoyens,
Il leur dit en pleurant : « O bons anges gardiens !
« Un terrible malheur aujourd'hui nous menace,
« Ce terrible malheur nous effraye et nous glace.
« Le chemin de Poitiers qui, dans la Fond-de-Cé,
« Devait avec orgueil suivre l'ancien tracé,
« Par le caprice hélas ! d'un maudit géomètre,
« S'éloignera de nous d'un demi-kilomètre.
« Ce demi-kilomètre est un épouvantail
« Qui va, n'en doutez-pas, nous tuer en détail.
« Pour nos nombreux trafics, cette distance énorme
« A besoin, vous sentez, d'une prompte réforme ;
« Et si nous subissons ce projet odieux,

« Lusignan n'aura plus qu'à s'en prendre à ses yeux. »
Un de leurs gros bonnets, l'âme pleine d'angoisse,
Fait serment de mourir, s'il faut, pour la paroisse.
Cet exemple touchant du héros mellusain
Ranima des bourgeois le courage incertain,
Et formant aussitôt une fière cohorte,
Ils vinrent à Poitiers nous apporter main forte.
Rendus à Paris, nous, nos alliés nouveaux,
Fûmes très-poliment éconduits des bureaux.
A ce premier échec qui nous fut si funeste,
Chacun gagna son toit, et vous savez le reste.
Par leur ligue avec nous, vos envieux voisins,
Dans leur échauffourée ont-ils été bien fins?
Affrontant de concert la mauvaise fortune,
Nous devions avec eux faire cause commune.
Maintenant, Dieu merci, tirés d'un mauvais pas,
Vivons tranquillement loin de tous les débats.

LE CAMPAGNARD DE VIVONNE.

Lusignan de nouveau, nous a-t-on dit, redoute
De voir loin de son parc se dévier la route.
Si, d'un danger futur vous donnant le signal,
Votre allié réclame un concours amical,
A ce suprême appel d'un noble camarade,
Irez-vous à Paris faire une autre croisade?

LE BOURGEOIS DE POITIERS.

Pendant que nous étions ballottés sans pitié,

Nous nous servîmes d'eux comme d'un marchepied.
Fiers d'avoir surmonté maintenant tout obstacle,
Devons-nous partager la peur de leur débâcle?
Il serait ridicule aux yeux de nos bourgeois,
De nous occuper d'eux encore une autre fois.
Pourtant, pour conjurer leur nouvelle détresse,
Nous comptons à nos frais faire dire une messe ;
A ce lâche abandon, vous nous trouvez ingrats,
Mon Dieu, que voulez-vous? je n'en disconviens pas!
L'évangile prêché par nos nouveaux apôtres
Se traduit en ces mots : tout pour soi, rien aux autres;
Et vous voyez ici qu'en bons conservateurs
Nous suivons les leçons de nos frères prêcheurs.
Mais laissons ce sujet, si triste à plus d'un titre,
Et par un bon conseil terminons ce chapitre.
Je sais que d'Esculape exerçant l'art divin,
Vous n'avez jusqu'alors fait que le médecin ;
Mais déposant à tort une fois la lancette,
Vous avez essayé le métier de poëte.
A quoi vous servira d'avoir mal à propos
Troublé pour peu de chose un paisible repos?
Vous semblez par raison, et même par nature,
Aimer par-dessus tout une existence obscure.
Eh bien ! en nous lançant quelques vers fugitifs,
Vous entendrez gronder des cris vindicatifs ;
Et Vivonne, en lisant votre œuvre aventurière,
Peut-être le premier vous jettera la pierre.
Reprenez donc le froc que vous avez quitté,

Et rentrez sans retard dans votre obscurité.
Au lieu de composer contre nous des tirades,
Allez plutôt tâter le pouls de vos malades.

LE CAMPAGNARD DE VIVONNE.

J'accepte volontiers vos avis de ce jour,
Et permettez aussi d'en donner à mon tour.
En soutenant longtemps une fameuse lutte....,
Vous avez par intrigue évité la culbute ;
Ne soyez pas trop vains de ce bien passager,
Vous n'êtes pas peut-être échappés au danger.
La compagnie encor, par son crédit immense,
Peut, au premier moment, tromper votre assurance ;
Vous avez ébranlé ce colosse puissant,
Mais il reste debout toujours vous menaçant.
De vos faits accomplis (dogme en honneur naguère)
Il se rit, croyez-moi, comme d'une chimère ;
Tant qu'il n'aura pas dit enfin son dernier mot,
Redoutez, bons bourgeois, redoutez un capot.

AMAND FRÈRE,
Conseiller municipal à Vivonne (Vienne).

Paris.—Imprimerie Bonaventure et Ducessois, 55, quai des Grands-Augustins.

www.ingramcontent.com/pod-product-compliance
Lightning Source LLC
Chambersburg PA
CBHW050358210326
41520CB00020B/6359